Mark Sarg

Der stubenreine Papst

Mark Sarg

Der stubenreine Papst

Bizarre Kurzgeschichten

Goldene Rakete Verlag für Belletristik

Imprint
Any brand names and product names mentioned in this book are subject to trademark, brand or patent protection and are trademarks or registered trademarks of their respective holders. The use of brand names, product names, common names, trade names, product descriptions etc. even without a particular marking in this work is in no way to be construed to mean that such names may be regarded as unrestricted in respect of trademark and brand protection legislation and could thus be used by anyone.

Cover image: www.ingimage.com

Publisher:
Goldene Rakete Verlag für Belletristik
is a trademark of
International Book Market Service Ltd., member of OmniScriptum Publishing Group
17 Meldrum Street, Beau Bassin 71504, Mauritius

Printed at: see last page
ISBN: 978-620-2-44486-6

INHALTSVERZEICHNIS

DAS ALLERHEILIGSTE GEHEIMNIS

Ihrem auf exquisite und pikante Details aus der Privatsphäre seiner Zeitgenossen stets ***über***mäßig erpichten Neffen, dem Journalisten Mortimer Wachteufel, stellte Lady Roxana Windbeutel in ihrem Testament die Enthüllung eines „allerheiligsten Geheimnisses" in Aussicht – sofern es ihm gelänge, eine kleine, irgendwo in ihrem ausgedehnten Schlosse hinter Tapeten versteckte Wandnische aufzuspüren.

Was er aber letztlich nach vier Wochen hektischer und mühevollster Wühlarbeit an der einzigen in Frage kommenden Stelle fand – war ein alter Nachttopf, den er dann freilich gleich „tatkräftigst" benutzte.

Unter dem er aber anschließend immerhin auch noch die Mahnung seiner ihn „über alles liebenden" Tante las – er möge doch, bitte, etwas **vorsichtiger** und **bescheidener** bei der ***dies***seitigen Suche nach „allerheiligsten Geheimnissen" sein ...

DER UNGALANTE

Allen, die inständig seinen Segen erflehten, streckte Kardinal Vittorio Ludervogel nur ganz ungalant das Hinterteil entgegen.

Denn dieses erschien ihm eben als sein **größter** Segen …

„GÄHNEN SIE VOR DEM ABENDGEBET!“

„Gähnen Sie vor dem Abendgebet, denn wenn Sie dies ***während*** desselben tun, sind Sie des Teufels, auf ewig verdammt – und alles Bitten und Beten wird nutzlos und vergebens sein!“

Prof. Graubein Schlauwein, der meist sogar Mühe hatte, nicht **einzuschlafen** dabei, sich aber als redlicher Christ dennoch immer aufraffte hierzu, sah sich nun freilich, nach der Lektüre dieser „authentischen“ Bibelversion, jeder weiteren Verpflichtung enthoben.

Als versierter Glaubensforscher bastelte er sich schleunigst eine Ersatzreligion – die dem Gähnen „zu allen Zeiten und ohne Anlass eine nachgerade **heilende**, ja **heiligende** Wirkung“ einräumte.

Er hatte sich damit sicherlich keinen schlechten Dienst erwiesen.

DIE KLUGE BERUFSWAHL

„Alles **rein mechanische** Vorgänge! Davon kann man wahrhaftig einiges lernen!“, kommentierte Sir Dudley Mauskopf ehrfürchtig staunend nach seinem Ableben den systematischen und unaufhaltsamen physischen Zerfall.

Und höchst animiert, diese Erfahrung möglichst **gewinnbringend** zu verwerten, entschied er sich im nächsten Leben für den Beruf des Automechanikers.

„BEMERKEN SIE MICH SELBST!“

„Bemerken Sie mich endlich selbst, anstatt immer nur von anderen auf mich hingewiesen zu werden!“ Mit diesem freundschaftlichen Rat garnierte der Tod seine feierliche Aufwartung bei Sir Klosterbert Madenschreck – der ihn sein Leben lang geradezu meisterhaft verdrängt hatte.

Doch nun freilich war er von seinem Gaste dermaßen hingerissen, dass er gar nicht mehr loskam von ihm ...

„BEMERKEN SIE SICH SELBST!“

„Bemerken Sie sich selbst, wenn Sie in den Spiegel blicken. Dies wird der Beginn einer langen und erfüllenden Beziehung sein!“

Überaus skeptisch und widerwillig, obschon durchaus mutig folgte Sir Melvyn Hexenhummel der vielversprechenden Aufforderung des soeben erworbenen Ratgebers „Die rettende Selbstschau“ von Prof. Ravioli Neuhirsch – worauf ihm prompt ein furchterregender alter Drache entgegenstarrte und die giftige Zunge herausstreckte.

Außer sich brachte er das Buch sogleich zurück, ließ sich unter Zuhilfenahme seines feuerspeienden Atems noch rasch ein „angemessenes Schmerzensgeld“ erstatten, und sprang damit höchst theatralisch in die Themse – um wenigstens einen „erfüllenden“ **Abgang** zu erhalten.

DIE STURE LEICHE

Noch als Leiche war Mrs. Auster Greenhalm von einer bemerkenswerten Sturheit. Unbarmherzig schlug sie jede noch so wohlgemeinte Einladung aus – sei es zur Jause mit den Kindern, zur Taufe eines Enkels oder zur Hochzeit ihrer Schwiegermutter:

„**Ich** stehe ***nicht*** mehr auf von hier, und wenn Ihr euch auf eure dummen Köpfe stellt! Ich bleibe jetzt da liegen bis zum Jüngsten Gericht. Und selbst dann muss mich Gott Vater **persönlich** aus dem Grabe stemmen!“

DIE TRIEBHAFTE LEICHE

Eine Leiche war so triebhaft, dass nicht einmal der Papst vor ihr sicher war.

Begierigst erwartete sie ihn nachts in seinem Buß- und Betgemach, vergewaltigte ihn und zwang ihn anschließend, auf den Knien 10 Vaterunser zu beten – zur Sühne dafür, dass er sie in solche Ekstase versetzt hatte.

Und als kleines Dankeschön versprach sie ihm dann noch ein baldig Wiedersehen ...

„ZERSETZEN SIE MICH!“

„Zersetzen Sie mich!“, forderte Hofrat Nero Trübgack den renommierten Sterbehelfer Zinnober Distelsack auf.

Aus schierer Verzweiflung aber, dessen saftiges Honorar nicht begleichen zu können, brachte er sich dann eben doch selbst um.

„ZERSETZEN SIE MICH NICHT!“

„Zersetzen Sie mich nicht, ich bin fast noch taufrisch!“, schlug die vormalige Miss Ethel Kirchenschmus Prof. Carson Hackwood vor, als er sie nach dem Anatomieunterricht in ein Entsorgungsbad legen wollte.

Überrascht hielt er kurz inne, musste ihr schließlich, wenn auch eingeschränkt beipflichten – und da er ohnehin seit längerem auf der Suche war, heiratete er sie stattdessen.

„ZERSETZEN SIE SICH!“

„Zersetzen Sie sich doch endlich, ich will auch noch andere Leute kennenlernen!“, drängte ihr ungestümer junger Sarg Baronesse Käthe Schmatzkatz immer wieder. Aber da hatte er sich bei ihrem ausgeprägten, atheistischen Widerspruchsgeist gründlich verrechnet – und sie blieb justament wie sie **war**.

Und als man dies Jahrzehnte später bei Grabräumarbeiten voller Ehrfurcht entdeckte, siedelte man sie mitsamt dem nunmehr treu ergebenen Sarg in die Kathedrale von Schlatzbatz um – wo sie noch heute als „Heilige Jungfrau“ verehrt wird.

„ZERSETZEN SIE SICH NICHT!“

„Zersetzen Sie sich nicht ***vor*** der Zeit, meine Liebe! Dies können Sie früh genug nachholen.“, mahnte Medizinalrat Augustinus Kloppkopp seine Patientin Frivolia Grünschmarrn, die dank ihres ganz speziellen Lebensstils bereits derartige Symptome zu entwickeln begann.

Doch hatte ihn die Gute ausschließlich konsultiert, um sich genau **das** als weitere „Ermunterung“ attestieren zu lassen. Sie konnte es nämlich kaum mehr erwarten …

DER MUT ZUR WAHRHEIT

Spät aber doch brachte Kardinal Jaromir Kropfgott endlich den viel gepriesenen Mut zur Wahrheit auf.

Er nahm schleunigst **Reißaus** von der Kirche – und ward dort nimmer wiedergesehen.

DER BRENNENDE HUT

Auf dem Höhepunkte einer tiefen Sinnkrise fand Miss Nelly Papstlmeyer, ehedem gefeierte Filmdiva, einen brennenden Herrenhut in ihrem Schlafzimmer.

Freudig erregt deutete sie dies als leuchtendes Signal für einen überaus wirksamen, **effektvollen** Abgang, setzte ihn sich sogleich auf – und **dankte** dem edlen unbekannten Spender für seine Wohltat inniglich.

DER PAPST ALS KLOBESEN

„Neue Besen kehren gut – und erst recht an ***un***heiligen Orten!“ Dieser Überzeugung folgend ließ es sich Papst Frechhut der Dreiste auch nicht nehmen, gleich nach seinem Amtsantritte die öffentlichen Toiletten Roms mit der allergrößten Akribie ganz gehörig durchzuwirbeln.

Dabei entwickelte er jedoch solch enormes Wohlbehagen, dass er dies fortan Nacht für Nacht wiederholte – weswegen er später ausschließlich in **dieser** Funktion Einzug in die Annalen der Geschichte fand …

DER PAPST ALS KLOFIGUR

Um der Christenheit gerade auch auf dem so ganz und gar „unheiligen" Örtchen beizustehen und den Teufel dort zu vertreiben, gab Papst Heiligrumpf I. bei seinem Leibskulpteur, Maestro Dionysos Meerschwein, eine Statuette von sich in Auftrag, die bald darauf in Serie produziert und zum Verkaufsschlager wurde, umso mehr jedes Exemplar eigenhändig vom Heiligen Vater gesegnet war.

Als die stolzen Erwerber aber plötzlich an chronischem, schmerzhaftem Durchfall erkrankten, landeten die kostbaren Figuren sehr rasch wieder im Vatikan – wo sie der nächste Papst, Billigstrumpf II., „in seligem Andenken" an seinen Vorgänger als erste Amtshandlung einstampfen ließ.

DER PAPST ALS FLITTCHEN

Um einiges, was er vordem viel zu ***eng*** betrachtet hatte, möglichst rasch wieder „auszugleichen", drehte Papst Rattlmeier der Wendige nach seinem heiligen Abgang den Spieß einfach um – und verhielt sich nun ganz wie ein veritables **Flittchen.**

Und dies sogar noch, ***ehe*** er neuerlich geboren war – indem er nämlich seinen zahllosen **Vorgängern** unterhalb des Petersdoms auf höchst drastische Weise, geradezu wahllos und penetrant den Hof machte.

Und nur so nebenbei: Kein ***einziger*** der angeblich so in Frieden Ruhenden mochte seinem Werben widerstehen! Ganz im Gegenteil ...

DER WEISE MIT DEM BLUMENTOPF

Der Philosoph Axel Grünteig spazierte stets mit einem Blumentopf auf seinem Kopf. Den Grund hierfür behielt er in „unendlicher Weisheit“ sein Leben lang für sich – damit nur ***ja*** niemand auf die Idee käme, es ihm gleichzutun.

Was erstaunlicherweise aber gerade deswegen **dennoch** geschah …

VERDACHT BEI NACHT

Miss Olga Krautsack beschlich in tiefer Nacht
ein wahrhaft **ungeheuerlicher** Verdacht.

Sie eilte hinaus, um diesem nachzugehen –
und ward nie mehr wieder lebend gesehen!

DIE LACHENDEN PÄPSTE

Anlässlich einer jenseitigen Begegnung von Papst Schimärius dem Ersten und Papst Schimpansius dem Letzten entspann sich ein zwanglos-heiterer, dabei durchaus **vertraulicher** Plausch zwischen den beiden, an dessen Ende sie unter unbändigem Gekicher übereinstimmten, dass sie sich, wäre ihnen dies noch möglich, am liebsten ***tot***lachen würden – angesichts der ungeheuerlichen ***Verklärung***, die man ihnen zu Lebzeiten entgegenbrachte.

Es geht eben nichts über – wenn auch späte – **Einsicht** …

DIE LACHENDEN TEUFEL

Zwei fromme Teufel lachten den ganzen Tag aus vollem Herzen und ohne Unterlass.

Vor Freude, weil sie schon ***wieder*** einen (ehemaligen) **Papst** in ihrer Mitte hatten ...

DAS UNVERWINDBARE GESCHÖPF

Ein unverwindbares Geschöpf trieb sich den ganzen Tag auf Friedhöfen herum, ging dort den merkwürdigsten „Geschäften“ nach und tat Dinge, von denen man besser **nicht** wissen sollte.

Und abends ließ es sich dann erschöpft, aber zufrieden ins Bett fallen. Doch immer in ein anderes – **fremdes,** das obendrein bereits belegt war, und dessen Eigentümer danach die Begegnung mit ihm niemals mehr so ganz verwinden konnte ...

DIE UNGEWÖHNLICHE SELBSTERFAHRUNG

„Erfahren sie mich **selbst**, statt stets nur vom Hörensagen aus zweiter odcr dritter Hand über mich zu berichten!“ Mit dieser Einladung sah sich Sir Lincoln Schlepptau, Chefredakteur einer angesehenen Tageszeitung, konfrontiert, als Lord Douglas Greenrussel, vielgesuchter Serienmörder, dessen Name gleichwohl in aller Munde war, weil er stets eine Visitenkarte bei den Opfern hinterließ, nachts vor seinem Bette stand.

Der „Auserwählte“ bedankte sich zwar unterwürfigst für das schmeichelhafte Angebot, bat aber winselnd und wimmernd, ihn lieber zu verschonen – und war hierfür auch zu einer Gegenleistung bereit. Tags darauf ließ er in seinem Blatte die stattliche Großanzeige erscheinen:

> „Erfahren Sie mich selbst, werte Leser, anstatt immer bloß Sekundärgeschwätz in holprigen Worten über mich zu vernehmen! Unter ‚Die ungewöhnliche Selbsterfahrung’ stehe ich über die Redaktion jederzeit gerne **gratis** für eine Rendezvousvereinbarung zur Verfügung. Herzlichst, Lord Douglas Greenrussel“.

Eine nicht enden wollende Flut begeisterter Zuschriften war die Folge. Und analog dazu stieg die Zahl der Morde drastisch an – was eine **weitere** Zunahme der Leserbriefe nach sich zog ...

DIE VERGEBLICHE UNSCHULD

Von frühester Kindheit an war Fräulein Quecksy Papstwurm von den Eltern, Lotterbart und Sidonie, darauf dressiert worden, möglichst „unschuldig" zu sein – als natürlichem Ausgleich zu ihrem doch recht drastischen Äußeren als Monster.

Es half nichts, sie landete dennoch vor dem Scharfrichter – weil sie angeblich ihre Erzeuger **verspeist** hatte.

Denn dass sich diese – nachdem sie in prophetischer Weitsicht erkannten, dass der Existenz ihrer geliebten Tochter wohl trotz aller Unschuld kein wirklich „bleibender" Erfolg beschieden wäre – vor Kummer und Gram **gegenseitig** auffraßen, glaubte ihr leider keiner ...

DER PAPST ALS MICKYMAUS

Bis in seine letzten Züge rang Papst Windhauch der Zarte um die erlösende Erkenntnis, mit welcher Laufbahn er wohl viel **mehr** hätte bewirken können – um damit den Keim zu setzen für ein weit erfüllenderes, neues Leben.

Und beglückt starb er als – Mickymaus.

DER PAPST ALS KLUGSCHEISSER

Für diese anspruchsvolle Rolle musste Papst Mehlkopf der Große gar nicht viel hinzulernen. Sie war ihm nachgerade auf den Leib geschrieben.

Und dies gilt übrigens – nach Meinung keineswegs nur anderer Klugscheißer – für fast alle seiner Artgenossen.

„MÖGEN SIE LEICHEN?“

„Die wohl zu den dämlichsten, und mithin meistgestellten Fragen überhaupt zählende: ‚Mögen Sie Kinder?‘ – ganz so, als ob diese eine von der Spezies Mensch ***getrennte*** Kategorie bildeten, und man daher auf gleicher Linie ebenso gut fragen könnte: ‚Mögen Sie Greise? (oder 30-, 40-, 50-Jährige)‘ – ließe sich sinnvoll nur beantworten, indem man sie auf den unweigerlich folgenden **Endzustand** der lieben Kleinen hin erweitert. Ergo: ‚Mögen Sie ***Leichen***?‘“

Der überaus trefflichen Analyse des „Jugendforschers“ Prof. Ramasuri Quaksuri ist wahrlich nichts hinzuzufügen.

DIE HYPNOTISCHE BEGEGNUNG

Eine hypnotische Begegnung der ganz besonderen Art widerfuhr Sir Rutherford Stubenzwirn. Auf einer Bahnfahrt saß er seinem ehemaligen Professor, Woldemar von Himbeerquark, gegenüber, der ihn schon früher bei seinen ausgedehnten Vorlesungen immer höchst bedenklich ermüdet hatte. Und prompt schlief er auch diesmal wieder ein.

Allerdings wachte er am Ende der Reise nicht mehr auf.

DAS IRRLICHT

In einem Anfall nächtlicher Depression folgte Major Terry Leichthirn wie in Trance einem Irrlicht bis aufs Dach hinauf – von wo er dann sehr rasch wieder herabstürzte.

„So irre war das Licht ja gar nicht!“, resümierte er zufrieden und erleichtert in jenseitiger Geborgenheit. „Hat es mich doch vom Irrsinn meines Erdendaseins befreit!“

DIE SITTSAME NONNE ODER GOTT VATER AUF DEM WC

Dass Gott Vater vielleicht wirklich **überall** sei, wenngleich fatalerweise auch nur unsichtbar, erfüllte Schwester Medina Mückenkopf, die stets ***aller***größten Wert legte auf ihre Sittsamkeit und Zucht, bei näherer Betrachtung doch zunehmend mit Unbehagen.

Denn wie konnte sie zum Beispiel beim Besuche der Toilette sich im Angesicht des Allerhöchsten und Allermächtigsten einer derart niederen Verrichtung hingeben und Blöße aussetzen?! So unerträglich schien ihr allein der Gedanke, dass sie beschloss, sich ein für alle Mal Gewissheit zu verschaffen.

Frühmorgens am Ostersonntag begab sie sich in voller Amtstracht auf das leidige Örtchen – um in banger Erwartung den Schöpfer aufzurufen, ihr im Falle seiner Anwesenheit ein deutliches Signal zu senden. Worauf sie prompt vor lauter religiöser Erregung mit Durchfall „gesegnet" wurde, was sie natürlich als klare Antwort interpretierte.

Fortan mied sie selbstverständlich schuldbewusst solch anstößige Lokalitäten – und starb bald darauf einen heiligen Märtyrertod durch Obstipation.

DER MANTEL DES SCHWEIGENS

Sir Conan Richfield besaß einen Mantel des Schweigens – den er aber aus unerfindlichen Gründen niemals anzog.

Und so plapperte er noch **drüben** munter darauf los …

DER PAPST ALS TOTGEBURT

Papst Vitalicus der Kräftige kam einst als Totgeburt zur Welt. Im Vorgriff auf seine Heiligkeit erweckte er sich aber selbst zum Leben – und ging später des überschäumenden Temperamentes wegen als „**lebendigster**“ Papst in die Kirchengeschichte ein, der mit Vehemenz vor allem für die Rechte der Totgeborenen kämpfte.

Sofern sie aufrechte und anständige **Christen** waren, versteht sich.

DIE NAZIS ALS SAMARITER

Würden Sie es vorziehen, gefedert, geteert, gevierteilt, geblendet, lebendig gehäutet und noch unzähligen anderen, ebenso abscheulichen wie ***un***erdenklichen Torturen ausgesetzt – oder ganz simpel **vergast** zu werden?

Sofern Sie nicht an pathologischer Geschmacksverirrung oder einem exzessiven Märtyrerwahn leiden, dürfte Ihre Wahl wohl leicht zu raten sein.

So **schwer** es hingegen auch fällt: Verglichen mit den jahrhundertelang erprobten Rezepten der ehrwürdigen Institution **Kirche** – muss man jene, die das **letztere** Programm zur Erlösung von ihnen und der Welt offerieren, geradezu als „**Samariter**" bezeichnen …

Die Erkenntnisse des renommierten Sterbeforschers Laredo Kreuzlaus sollten schleunigst Eingang in jeden „geläuterten" Katechismus finden.

„NIESEN SIE MEHRMALS!“

„Niesen Sie mehrmals vor dem Zubettegehen! Und gelingt dies nicht, streuen Sie kräftigst Pfeffer in die Nase. Das wird Ihre Seele reinigen, den Körper entschlacken, und Ihnen vor allem einen friedlichen, frommen Schlaf bescheren, der Sie vor jeglicher böser Einflüsterung schützt!“, las Hofrat Blaugelb Grablümmel neben vielen weiteren nützlichen Ratschlägen in einem „Orthodoxen Gebetbuch“.

Da geriet sein Glauben an Gott gar mächtig ins Wanken – sah er sich doch von solcher „Heilwerdung“ gänzlich ausgeschlossen. Er besaß nämlich keine Nase.

DIE SCHÖNSTE KUH DER WELT

Eine Kuh, die kaum je im Stalle oder auf der Alm zu finden war, galt ihren Zeitgenossen als die **schönste** auf der Welt.

Sie hatte prachtvolles lila Haar, trug stets die teuersten Pariser Roben, eine violette Sonnenbrille selbst bei Regen oder Schnee, und ging mit ihren täglich neuen Stöckelschuhen sogar zu Bett.

Und um sich melken zu lassen, besuchte sie den feudalsten ***Massage***salon in ihrer Stadt ...

DER SCHÖNSTE OCHS DER WELT

Ein Ochs, der niemals einen Bauernhof gesehen, wurde allseits bewundert als der schönste seiner Zeit.

Er kleidete sich ausschließlich mit exquisiten Bermudas, von Meisterhand bemalten Shirts, modischen Brillen ohne Glas, einem schicken Holzkreuz um den Hals und Wegwerfsandalen aus Papier.

Was aber den hingerissenen Kühen am ***aller***meisten imponierte: Er chauffierte sie immer im neuesten ***Cadillac***!

DER SCHÖNSTE PAPST ALLER ZEITEN

Zweifellos als schönster Papst aller Zeiten darf Fluidius der Einzige bezeichnet werden – mit wohl leider auch dem kürzesten Pontifikat.

Denn wiewohl von den Kardinälen **gerade** der glanzvollen Erscheinung wegen gekürt, wurde diese bald als „permanente Bedrohung ihrer Sittlichkeit" von ihnen empfunden – weswegen sie übereinkamen, ihn zu stürzen.

Und damit sein berauschender Anblick sie auch hinterher nicht weiterverfolgte, **enthaupteten** sie ihn im Namen Gottes – um diesem endlich wieder völlig ***rein*** und ***fromm*** dienen zu können.

DIE GESCHENKTE ERKLÄRUNG

Herrn Wonnemaxen aus Niedersachsen
war der Schnabel zusammengewachsen.

Er war darüber heillos froh –
sparte er sich jegliche Erklärung so!

DER NACKTE MOND

„Da scheint einem ja der nackte Mond entgegen!“, freute sich Miss Felicity Hinriss, als sie ihr Schlafzimmer betrat.

Und desto animierter entkleidete auch sie sich – damit er nicht so allein bliebe …

DER PAPST ALS AUSGEBURT

Manch einer der Heiligen Väter empfindet sich ja bekanntermaßen als „Hochgeburt des Himmels“ und wird auf Erden auch erschöpfend so behandelt.

Im Himmel freilich wird ein solcher Amtsinhaber meist viel eher als „Ausgeburt der Hölle“, mindestens aber „des Wahnsinns und der Verblendung, wie sie eben auf Erden durchaus üblich sind“ mit bedauerndem Kopfschütteln und heilsamen Wünschen bedacht ...

DIE OASEN DES LEBENS

Von frühester Kindheit an verbrachte Sir Edward Wandergeier fast die gesamte Zeit auf Friedhöfen. „Wie gut, dass es sie gibt! Sie sind die Oasen des Lebens – nur hier findet man Ruhe und Geborgenheit!“, begeisterte er sich stets aufs Neue.

Als dann aber für ihn selber die Zeit gekommen war, musste er überaus erstaunt feststellen, dass nicht ***er*** dort seine letzte Ruhe fand – sondern lediglich sein müder Körper.

Seine Enttäuschung darüber währte allerdings nicht **allzu** lange …

DER STUBENREINE PAPST

In sämtlichen Dokumenten, die sich in den vatikanischen Archiven über die Regentschaft Papst Gackinius' des Edlen finden, wird absonderlicherweise immer wieder hervorgehoben, dass dieser während seines gesamten Pontifikats absolut **stubenrein** gewesen sei.

Heute endlich kennt man auch den Grund für diese doch recht seltsamen Beteuerungen: Er war es eben ***nicht***! (Wobei nur höchst unheilige Zungen seinem heiligen **Amte** die vornehmliche Schuld daran zuschreiben.)

Und dass man seither **keinem** seiner ungezählten Nachfolger mehr Stubenreinheit attestierte, braucht einen auch nicht unbedingt mit Sorge zu erfüllen.

Oder vielleicht doch?

Printed by Books on Demand GmbH, Norderstedt / Germany